INVENTAIRE
S 25,281

AF247124

PRÉFECTURE DU GARD

COMMISSION D'ÉLEVAGE DU VER A SOIE EN LIBERTÉ

PROCÈS-VERBAUX

DES

SÉANCES TENUES EN 1867

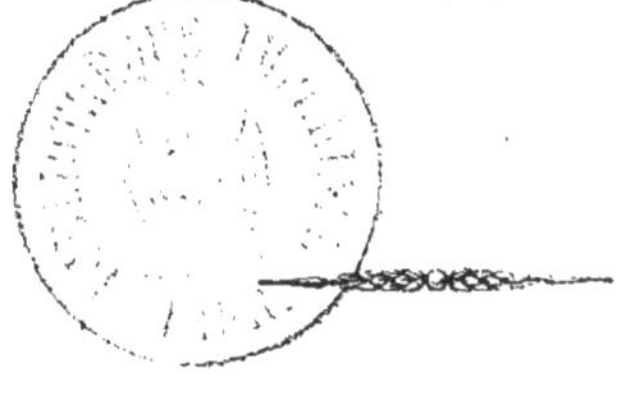

NIMES
DE L'IMPRIMERIE CLAVEL-BALLIVET ET Cᵉ
rue Pradier, 12

1868

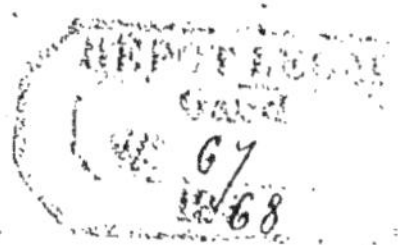

PRÉFECTURE DU GARD

COMMISSION D'ÉLEVAGE DU VER A SOIE EN LIBERTÉ

PROCÈS-VERBAUX

DES

SÉANCES TENUES EN 1867

NIMES
DE L'IMPRIMERIE CLAVEL-BALLIVET ET C°
rue Pradier, 12

1868

SÉRICICULTURE

INSTITUTION D'UNE COMMISSION

Nimes, le 18 décembre 1866.

Nous, Préfet du Gard, officier de l'ordre impérial de la Légion d'honneur, etc.,

Vu la délibération du 30 août, par laquelle le Conseil général du département a demandé qu'il soit fait, par les soins directs de l'administration départementale, une expérimentation d'éducacations de vers à soie mis en liberté ;

Considérant qu'une pareille entreprise ne peut être faite utilement qu'avec le concours éclairé de personnes dévouées à l'intérêt public et ayant une aptitude particulière en cette matière,

ARRÊTONS :

ARTICLE PREMIER.

Une commission est instituée, sous notre présidence, pour préparer toutes les questions qui se rattachent au projet d'élevage de vers à soie en liberté, par les soins de l'administration départementale, et pour suivre tous les détails de cette importante opération.

Art. 2.

Sont nommés membres de la commission instituée par l'article 1ᵉʳ :

MM. Berthézène , maire du Vigan ;

Correnson, membre du Conseil général, propriétaire à Saint-Geniès-de-Comolas ;

Despeyroux, professeur de physique et de chimie au collége d'Alais ;

Dombre, ingénieur en chef des ponts et chaussées, attaché au Chemin de fer de Paris à Lyon et à la Méditerranée ;

Emilien Dumas, propriétaire à Sommières ;

Gardies, membre du Conseil général et maire de Maruéjols-lès-Gardon ;

Gensoul, maire de Bagnols ;

Gervais, maire de Rousson ;

Hérisson, propriétaire à Blauzac ;

Charles d'Hombres, maire de Saint-Hippolyte de Caton ;

Perrier, propriétaire à Pomaret ;

Planchon, président du tribunal de commerce de Saint-Hippolyte ;

Rivet, propriétaire à Quissac ;

Roux, maire de Saint-Hilaire-d'Ozilhan ;

Emile Silhol, membre du Conseil général, propriétaire à Saint-Ambroix ;

de Tarteron, membre du Conseil général, propriétaire à Sumène ;

Alexis de Trinquelague , membre du Conseil municipal de Nimes, propriétaire à Fourques.

Le Préfet du Gard,

BOFFINTON.

Séance du 27 Décembre 1866.

Le 27 décembre 1866, à une heure après midi, les membres de la Commission chargée, par l'arrêté préfectoral du 18 du même mois, de suivre une expérimentation d'éducation de vers à soie en liberté, étant réunis dans une des salles de l'Hôtel de la Préfecture, à Nîmes,

M. le Préfet ouvre la séance.

Sont présents :

MM. Berthézène, Correnson, Despeyroux, Dombre, Gervais, Hérisson, Charles d'Hombres, Planchon, Rivet, Roux, Emile Silhol et Gardies.

MM. Emilien Dumas, Gensoul, Perrier, de Tarteron et de Trinquelague n'assistent pas à la séance.

M. Gardies est désigné par la Commission pour remplir les fonctions de secrétaire.

M. le Préfet, après avoir donné lecture à la Commission de la délibération que le Conseil général a prise dans sa session dernière, par laquelle une expérimentation d'éducations de vers à soie en liberté a été confiée aux soins directs de l'administration départementale, expose à la Commission que, pour la suite à donner à une pareille entreprise, entièrement distincte de celles que poursuivent, dans un but analogue, les divers comices agricoles du département, il a cru devoir s'entourer des lumières et de l'expérience des personnes dont le dévouement à l'intérêt public et l'aptitude particulière sont de nature à lui faciliter la mission que le Conseil général lui a confiée.

Il fait observer que la question essentielle, la question de fonds, paraît devoir se résoudre d'elle-même. A l'allocation de 4,000 fr., votée par le Conseil général, il faut ajouter, en effet, les dons spontanés de MM. Talabot, André et Bravay, députés

du Gard , s'élevant pour chacun d'eux à la somme de 2,000 fr. ;
ce qui fait ensemble un total déjà acquis de 10.000 fr.

Enfin, la subvention du gouvernement, que l'administration a
sollicitée, et sur laquelle on peut compter d'avance, n'est pas encore connue. Dès qu'il sera possible d'en apprécier le chiffre, une
souscription, ouverte dans le département, fera appel à toutes les
bourses et à tous les dévouements, et il y a lieu d'espérer que
ces différentes ressources réunies feront face aux dépenses de
l'expérimentation projetée.

Après cet exposé, la Commission se livre à la discussion des
différentes conditions de l'opération. Pour rester fidèle aux termes de la délibération du Conseil général, l'alimentation des vers
doit être fournie entièrement par des mûriers sauvageons
« que la taille et la greffe n'ont pas appauvris. » Les sauvageons
d'un certain âge ayant déjà subi des recepages successifs, doivent-
ils être considérés comme étant en dehors du programme?

Quelques membres font observer qu'il serait sans doute préférable de pouvoir disposer de plants provenant de semences im-
portées tout récemment de la Chine, la mère-patrie du mûrier.
Mais sans renoncer à ce mode d'alimentation pour des expériences ultérieures, on est forcément conduit aujourd'hui à se servir
des moyens que l'on a sous la main, et ils n'hésitent pas à penser,
d'ailleurs, que des sauvageons, tels qu'on les rencontre dans les
campagnes, fourniront une nourriture excellente et propre à répondre au désir manifesté par le Conseil général.

Les sauvageons, bien que rares sur notre sol, et le plus souvent à l'état de pieds isolés, ne manquent pas entièrement, et il
sera possible, après quelques recherches, de fixer le choix de
l'administration.

L'entreprise devant être faite à l'air libre, la question est de
savoir si on opèrera complètement en plein air, ou sous un hangar couvert. N'y a-t-il pas à redouter qu'une toiture permanente
n'arrête le développement de la feuille en la privant des rayons
du soleil, n'étiole les jeunes pousses et ne nuise à sa qualité?

Une expérience en plein air n'exposera-t-elle pas trop durement les vers aux intempéries de l'atmosphère, et ne les livrera-t-elle pas à une mort certaine, si on ne les protége contre les attaques inévitables des insectes et des oiseaux ?

M. le Préfet rappelle à la Commission qu'aux termes de sa délibération, le Conseil général a formulé le système d'un hangar couvert comme devant remplir le but proposé. En même temps, il donne communication d'une lettre de M. Pasteur, membre de l'Institut, dans laquelle ce savant donne son adhésion aux indications du Conseil général et témoigne d'une confiance entière dans les résultats de l'expérimentation qui doit avoir lieu.

Un membre rappelle les essais faits dans les environs d'Alais sur des mûriers en plein air, recouverts simplement d'une gaze légère, essais qui ont réussi. Il reconnaît toutefois que dans les moments de violent orage, ce simple tissu ne saurait suffire et qu'il conviendrait de multiplier les précautions.

Un membre propose un système de cloches en fil de fer, sorte de manchon métallique enveloppant l'arbre en entier et se terminant dans les parties supérieure et inférieure par une allonge de tissu de coton ou canevas pouvant se rattacher, en forme de cônes, par en haut au sommet des plus hautes branches et par en bas à la tige même de l'arbre. Les ravages des fourmis paraissant à redouter, il est facile de se défendre contre leurs attaques, au moyen d'un cordon en coton rame placé en couronne sur la tige de l'arbre, immédiatement au dessous du manchon, et imbibé fréquemment avec du goudron liquide ou coaltar.

Les manchons coûteraient moins à établir que des hangars et on pourrait en multiplier l'emploi.

Un autre membre fait observer que les expériences bien connues de M. Chavannes, professeur à l'Académie de Lausanne, et qui ont donné lieu, en Suisse, à différents essais de même nature, reposent sur un procédé analogue.

M. Chavannes emploie successivement le crêpe en coton et la

toile métallique. Il préfère l'usage du crêpe, dont les échantillons ont été soumis à l'examen de la Commission par **M**. le Préfet, pour les premiers âges du ver, le crêpe laissant parfaitement pénétrer l'air et le soleil tout en étant serré pour qu'aucun insecte ne passe au travers. Dans un âge plus avancé (au milieu de la troisième mue), **M**. Chavannes emploie des sacs ou manchons plus grands et faits avec de la toile métallique dont la maille a 2 ou 3 millimètres de côté.

Chacun de ces sacs peut contenir de 60 à 150 chenilles, suivant sa grandeur.

M. le Préfet, reprenant la question à son point de départ, invite la Commission, suffisamment éclairée par la discussion et les détails auxquels elle a donné lieu, à se prononcer sur le mode d'expérimentation qui paraît préférable, tout en se rapprochant le plus possible des termes mêmes de la délibération du Conseil général, qui a expressément recommandé l'emploi d'un hangar couvert.

Sans doute le système des manchons est plus économique et d'un usage plus facile à vulgariser ; mais il ne faut pas s'exagérer la dépense des hangars, qui, pouvant être construits avec des pieux en bois et une toiture légère, recouverts de simples roseaux, ne donneraient pas lieu probablement à des frais d'établissement considérables.

Dans ces conditions, on pourrait en établir un certain nombre dans le département. Un hangar peut seul, d'ailleurs, couvrir un champ d'expérimentation composé de plusieurs mûriers et rendre possible une éducation de vers générateurs de quelque importance. Du reste, l'administration ne saurait voir que des avantages à ce que des expériences simultanées se poursuivent par les deux modes, celui des sacs ou manchons devant être éminemment propre dans le cas où l'entreprise, qui a pour but de régénérer le ver à soie et d'obtenir une graine parfaite, réussirait à recevoir une application facile au plus grand nombre des éducateurs.

Un membre ajoute que l'emploi simultané et sur le même champ des deux modes d'expérimentation convient d'autant mieux qu'un seul agent pourrait être chargé utilement de la surveillance de la double opération. La construction des hangars en bois lui paraît à la fois économique et d'une durée en rapport avec celle des expérimentations à venir. Il pense que pour protéger l'opération contre les diverses attaques du dehors, il conviendrait d'adopter un double système composé de roseaux tressés ensemble et d'un tissu ou toile métallique.

Le tissu devant abriter constamment l'opération formerait une sorte de cloison intérieure et permanente, et le système mobile de roseaux tressés protégerait extérieurement, et quand besoin serait, dans les périodes de grands vents et de violents orages.

Après ces diverses explications, et sur la proposition de M. le Préfet, la Commission est d'avis qu'il y a lieu de décider qu'une double expérimentation, sur différents points donnés et sous la surveillance d'un agent désigné par l'administration, sera poursuivie simultanément : au moyen de hangars avec pieux et charpente en bois abritant le champ intérieur de l'opération par un tissu fixe et permanent, protégé lui-même, quand il y aura lieu, par une couverture mobile de roseaux tressés ensemble, et en même temps, au moyen d'un ou plusieurs sacs ou manchons de l'espèce de ceux employés par le professeur Chavannes.

Après cette résolution, un membre propose l'adoption d'un champ d'expérimentation situé dans la propriété de M. Chambon, au lieu dit le Martinet, dans la commune de Saint-Paul-Lacoste, arrondissement d'Alais. Ce champ, planté de mûriers sauvageons, paraît admirablement situé pour une semblable opération, à laquelle se prête gracieusement et dans le seul intérêt du bien public son honorable propriétaire.

Cette proposition est acceptée par la Commission, et M. le Préfet prie les représentants des autres arrondissements de se livrer sans retard à des recherches analogues, comme aussi à

prendre les informations et les renseignements utiles aux différentes circonstances de l'expérimentation qui se prépare.

La Commission est ajournée à un mois pour la reprise de ses
travaux.

La séance est levée à trois heures.

Le Secrétaire,
GARDIES.

Le Préfet du Gard,
BOFFINTON.

Séance du 2 Février 1867.

Le 2 février 1867, à une heure après midi, les membres de la commission chargée, par l'arrêté préfectoral du 18 décembre 1868, de suivre une expérimentation d'éducations de vers à soie en liberté, étant réunis dans une des salles de l'Hôtel de la Préfecture, à Nimes,

M. le Préfet ouvre la séance.

Sont présents :

MM. Correnson, Despeyroux, Dombre, Gensoul, Gervais, Hérisson, Charles d'Hombres, Perrier, Planchon, Rivet, Roux, Emile Silhol, de Tarteron, Alexis de Trinquelague et Gardies.

MM. Berthézène et Emilien Dumas n'assistent pas à la séance.

M. Gardies, secrétaire, donne lecture du procès-verbal de la séance précédente.

Ce procès-verbal, ne donnant lieu à aucune observation, est adopté.

Après avoir rappelé que, dans la séance du 27 décembre 1866, la commission a voté une première expérimentation à faire dans la propriété de M. Chambon, *au Martinet*, commune de Saint-Paul-Lacoste, un membre propose, à l'égard de l'arrondissement d'Alais, un emplacement pour une seconde expérimentation, situé aux abords de la ville, près de la Chaussée, sur un terrain appartenant à M. de Lachadenède, président du comice agricole, et comprenant une pépinière de sauvageons de trois ans d'âge, semée avec des mûres de mûriers sauvages. On fait observer que, s'il y avait lieu de se borner à une seule expérimentation dans l'arrondissement d'Alais, l'hésitation ne serait pas permise, et qu'il conviendrait, à cause de la situation particulière de cet emplacement, de lui donner la préférence. On aurait de moins à franchir les 13 ou 14 kilomètres de chemin difficile qui séparent Alais de Saint-Paul-Lacoste.

Mais la commission ne s'est-elle pas déjà prononcée, objecte-t-on, et n'a-t-elle pas accepté les offres gracieuses de M. Chambon? D'ailleurs cet honorable sériciculteur, qui habite constamment sa campagne et qui se livre, depuis plusieurs années, à différents essais d'éducation, n'offre-t-il pas un concours précieux pour la surveillance active et la bonne direction d'une expérimentation de ce genre?—Les chemins qui conduisent au Martinet sont très praticables, et la sous-commission de l'arrondissement d'Alais pourra s'y transporter facilement.

M. le Préfet communique à la commission une lettre de M. de Lachadenède, de laquelle il résulte que, dans sa propriété de la Chaussée, l'administration rencontrera un fermier intelligent et disposé à surveiller l'éducation. Il fait ressortir l'utilité de la proximité d'Alais, qui permettrait à l'honorable savant, M. Pasteur, de suivre de près cette expérimentation. Sans doute il faudra indemniser le fermier du prix de sa feuille, mais cette circonstance n'est pas de nature à balancer les autres avantages.

En ce qui concerne l'expérimentation de Saint-Paul-Lacoste, M. le Préfet estime que les offres de M. Chambon sont une bonne fortune pour la commission, personne n'étant mieux placé que cet honorable sériciculteur pour surveiller avec un soin scrupuleux tous les détails de l'opération.

Par ces motifs, M. le Préfet propose à la commission de décider que deux expériences seront faites dans l'arrondissement d'Alais, l'une à Saint-Paul-Lacoste et l'autre à la Chaussée.

La commission, consultée, adopte cette proposition.

M. le Préfet ajoute qu'il reste à décider la question de dépense; en d'autre termes, à quel prix s'élèveront ces deux installations.

Un membre communique un devis approximatif de la dépense de deux hangars, calculée sur les 400 pieds d'arbres que renferment les deux plantations de M. Chambon, et sur l'emploi d'une enveloppe extérieure de *canis*, pour protéger l'expérimentation contre la violence des vents et des orages ; les arbres devront d'ailleurs être abrités sous une toiture mobile de toile imperméable. Il soumet à la commission divers échantillons de canevas, de toile imperméable e. de toile métallique dont il fait connaître les prix et la provenance.

D'après ces indications, la dépense pour l'expérimentation chez M. Chambon coûterait environ 1,300 fr.

La plantation de la Chaussée d'Alais, offerte par M. de Lachadenède. comprend 16 mètres de long sur 10 de large, c'est-à-dire 160 mètres carrés, occupés par 220 pieds d'arbres plus espacés que ceux de Saint-Paul-Lacoste, et devant, par suite, donner moins de feuille pour une même surface.

En calculant d'après les bases du devis présenté, l'expérimentation de la Chaussée coûterait environ 1,700 fr., y compris la valeur de la feuille.

Après ces explications, M. le Préfet demande s'il ne serait pas possible de réduire le champ d'expérimentation des deux éducations de l'arrondissement d'Alais, dont les dépenses paraissent devoir s'élever à 3,000 fr. dans leur ensemble.

Au lieu d'opérer. par exemple, à Saint-Paul-Lacoste, sur 400 pieds, produisant environ 300 kilog. de feuilles et pouvant donner 7 kilog. de cocons, ne peut-on pas réduire l'expérience à 200 pieds et le rendement à 3 ou 4 kilog. de cocons ? — Dans cette hypothèse, l'expérience serait-elle suffisante, et n'y a-t-il pas à craindre, en procédant sur une surface plus considérable, de dépasser les ressources dont on pourra disposer ? En d'autres termes, n'est-il pas possible de réduire à 2,000 fr. la dépense des deux opérations de Saint-Paul-Lacoste et de la Chaussée ? Si ce chiffre paraît suffisant pour les deux expérimentations de l'arrondissement d'Alais, il serait facile de tenter une double expérience dans chaque arrondissement, si la commission le juge convenable.

L'auteur des devis fait observer que rien ne s'oppose à une

réduction semblable, du moment où l'on réduira le cadre même des opérations.

Plusieurs membres expriment l'opinion qu'un rendement de 3 à 4 kilog. de cocons est suffisant pour offrir des enseignements utiles, et ils approuvent entièrement les observations de M. le Préfet, seul moyen, du reste, de multiplier dans le département les expériences à faire.

M. le Préfet ajoute qu'il ne s'agit pas de fixer un chiffre rigoureux, mais seulement une limite approximative, dans laquelle les sous-commissions auront à se renfermer, autant que possible. — et que la commission départementale ayant adopté, dans sa séance précédente, le double système des hangars et des manchons, il est nécessaire de réserver des ressources pour ce second mode, au cas où il paraîtrait convenable d'en faire usage. M. le Préfet propose donc que le point de départ de chaque opération, au moyen de hangars, soit établi sur une quantité de 100 kilog. de feuilles et n'exécède pas, quant à la dépense, un chiffre approximatif de 1,000 fr.

Cette proposition est adoptée par la commission.

Après ce vote, M. le Préfet prie MM. les Membres des arrondissements d'Uzès, du Vigan et de Nimes de faire part du résultat de leurs recherches :

Arrondissement d'Uzès.

Dans cet arrondissement, se présente en première ligne la proposition de M. le Maire de Saze, qui offre gratuitement à la commission une plantation de mûriers sauvageons d'une contenance de 13 à 14 ares, placée près de la route de Remoulins à Avignon.

La commission remercie M. Delorme de son offre.

Un membre fait observer que la sous-commission d'Uzès, ayant

espéré que deux expériences seraient faites dans cet arrondissement, a pensé que l'une d'elles doit être réservée à Bagnols,
centre séricicole très important, tandis que la seconde serait
placée au chef-lieu même de l'arrondissement, dans les environs
d'Uzès. Près de cette ville, on a rencontré deux plantations de
mûriers sauvageons dans une position également convenable et
distantes entre elles de 2 kilomètres. On pourrait opérer, sur
un point, au moyen de hangars, et, sur l'autre, au moyen de
manchons. — Les prévisions de la commission ne paraissent pas
devoir être dépassées, bien qu'il y ait lieu d'indemniser de leur
feuille les propriétaires des plantations. La ville d'Uzès offre de
nombreuses ressources de surveillance et de direction, qui
seront un puissant auxiliaire pour le succès de la double
entreprise.

A Bagnols, un emplacement s'offre dans de bonnes conditions
de position et d'économie. Le chiffre du devis prévu y sera d'une
application facile : l'opération aura lieu près de la ville, en quelque sorte sous les yeux du maire, membre de la commission.

Les propositions, en ce qui concerne Uzès et Bagnols, sont
accueillies favorablement par M. le Préfet et par la commission,
qui les accepte.

Arrondissement du Vigan.

Un membre de cet arrondissement communique à la commission
une proposition de M. Durant, membre du conseil général.
M. Durant offre gratuitement une plantation de mûriers nains
sauvageons, âgés de six ans, qu'il possède dans sa propriété de
Graniès, située à 6 kilomètres de Saint-Hippolyte, dans la commune de Monoblet, canton de Lasalle.

M. Rivet, membre de la commission, propose, également gratuitement, une plantation de mûriers sauvageons dépendante de
son domaine de Sabatier, près de Quissac. Les mûriers de M.

Rivet, abandonnés à eux-mêmes, depuis plusieurs années, forment comme une petite forêt d'arbres de haute futaie d'une élévation moyenne de 7 mètres. Le champ qu'ils occupent a une surface qui se mesure par 11 mètres sur 18, et nécessiterait une enveloppe de canevas de 500 mètres carrés et une couverture de 176 mètres.

M. le Préfet fait observer que, à raison de leurs dimensions et de l'abondance de leur feuillage, 3 ou 4 pieds suffiront pour une expérimentation. On pourrait peut-être, ajoute-t-il, employer simultanément le hangar et le manchon.

L'honorable M. de Tarteron fait observer que les expériences proposées répondent parfaitement aux besoins de la partie basse (Sabatier) et de la partie intermédiaire (Graniès) de l'arrondissement ; mais, en l'absence du représentant de la ville du Vigan, il fait ses réserves en ce qui concerne la partie montagneuse, et réclame un délai, espérant pouvoir offrir, à la prochaine réunion de la commission, un champ d'expérience convenable au chef-lieu même de l'arrondissement.

M. le Préfet approuve entièrement cette réserve, en faveur de la région la plus maltraitée du département, et ajourne à la prochaine réunion la décision définitive à prendre à cet égard. En principe, il est d'avis qu'il y a lieu de décider que trois expérimentations se poursuivront dans l'arrondissement du Vigan : celle de Sabatier, celle de Graniès, et enfin celle dont l'emplacement n'est pas encore arrêté, dans les environs de la ville même du Vigan.

La commission adopte ces conclusions.

Arrondissement de Nimes.

M. de Trinquelague expose qu'une absence ne lui ayant pas permis de prendre part aux travaux de la Commission, pendant sa première séance, il n'a pu se livrer à la recherche d'une plan-

tation de sauvageons dans l'arrondissement de Nimes. Il réclame
une faveur analogue à celle qui vient d'être accordée à la ville du
Vigan , c'est-à-dire l'ajournement de la question.

Cette demande est prise en considération, et M. le Préfet
attendra les communications relatives au choix d'un emplacement,
ainsi que le détail descriptif pour l'organisation des couvertures.

Souscriptions.

M. le Préfet rappelle que le Conseil général ayant exprimé
l'avis qu'il serait convenable d'ouvrir une souscription à laquelle
seront invités à prendre part tous ceux qu'intéresse la question
séricicole, il y a lieu de rechercher s'il est opportun de provoquer
des souscriptions et d'en déterminer les conditions. L'œuvre qui
se poursuit actuellement, à l'aide des lumières de la commission,
est entièrement distincte des encouragements sollicités par des
pétitionnements au Sénat , en faveur d'éducations faites d'après
un mode déterminé. Cette œuvre départementale doit être com-
plétée par le concours de tous, parce qu'elle est, au fond, l'œuvre
de tous et que son but est la solution d'un problème qui intéresse
tout le monde.

Convient-il , dans ces conditions , de faire appel au concours
individuel des sériciculteurs, ou paraît-il préférable de provoquer
les subventions des Conseils municipaux ?

Quelques membres font observer que le caractère essentiel des
expérimentations que l'on va tenter étant d'utilité générale , on
doit donner la préférence aux subventions municipales.

En conséquence , la Commission décide que l'administration
fera appel aux Conseils municipaux pour compléter l'œuvre du
Conseil général.

Semences.

M. le Préfet invite **MM.** les Membres de la Commission à se prononcer sur la nature des semences ou graines à employer dans les éducations expérimentales. Convient-il d'opérer sur les anciennes races indigènes, dont les qualités marchandes sont sans contredit les meilleures et que l'on pourrait désigner sous le nom de graines de France, ou mieux encore, élargissant le cercle des provenances, et, à raison de la similitude des graines d'Italie, d'Espagne, etc., avec les graines nationales, l'opération doit-elle comprendre plus généralement les graines d'Europe?

Ne serait-il pas préférable d'acclimater et d'améliorer les provenances saines apportées directement du Japon, qui, en définitive, furent, en remontant à une époque reculée, les graines mères de nos magnifiques espèces dégénérées?

Quelques membres pensent que les semences japonaises tendent à s'améliorer par la reproduction, sous l'influence du climat et de l'alimentation; mais ils ne se dissimulent pas que cette œuvre est celle du temps, et que cinq à six générations seraient au moins nécessaires pour obtenir des produits quelque peu comparables à nos anciens produits indigènes.

D'autres membres ajoutent qu'il s'agit, avant tout, de régénérer les races d'Europe, atteintes et presque bientôt disparues, et que c'est là la pensée qui a dû déterminer le vote du Conseil général. — Par ces motifs, ils se prononcent en faveur de l'emploi des graines indigènes, avec la dénomination de *graines d'Europe*, à l'exclusion des graines d'Asie, et ils proposent de fixer dans ces termes la décision de la Commission.

Cette proposition est adoptée.

La Commission accueille, en outre, avec empressement, l'espérance que des essais seront faits dans l'éducation expérimentale de la Chaussée, au moyen de graines reconnues saines par les observations microscopiques de M. Pasteur, quelle que soit l'origine de ces graines. — Le savant distingué qui s'occupe avec un zèle infatigable d'un intérêt si précieux, rencontrera dans les membres de la sous-commission d'Alais toutes les facilités nécessaires pour un genre d'expériences qui est de nature peut-être à compléter ses travaux déjà si remarquables, et dont le dernier mot est attendu avec une si légitime impatience par le pays tout entier.

M. le Préfet rappelle aux sous-commissions qu'il leur appartient de choisir les semences qui doivent faire l'objet des expériences, sous la réserve que des échantillons de chacune d'elles lui seront adressées dans le plus bref délai, avec les désignations les plus complètes sur la provenance et sur l'origine.

Les autres circonstances de l'éducation devant être réglées à une prochaine réunion, la commission s'ajourne à un mois pour la continuation de ses travaux, au jour qui sera ultérieurement fixé par M. le Préfet.

Avant de se séparer, M. le Préfet rappelle que les sous-commissions d'arrondissement sont constituées de la manière suivante, savoir :

Arrondissement de Nimes. — MM. de Trinquelague, *président;* Emile Silhol, Dombre, Emilien Dumas.

Arrondissement d'Uzès. — MM. Correnson, *président;* Roux; Gensoul, Hérisson.

Arrondissement du Vigan. — MM. de Tarteron, *président;* Berthézène, Planchon, Perrier, Rivet.

Arrondissement d'Alais. — MM. Despeyroux, *président;* Charles d'Hombres, Gervais, Gardies.

La séance est levée à quatre heures.

Le Secrétaire,
GARDIES.

Le Président,
BOFFINTON.

En ce qui concerne la partie du procès-verbal qui précède afférente aux souscriptions, M. le Préfet du Gard a adressé à MM. les Maires du département la circulaire suivante :

Nimes, le 6 février 1867.

Messieurs,

Ma circulaire du 18 décembre dernier vous a fait connaître les dispositions principales que j'avais prises pour répondre aux intentions du Conseil général, touchant une expérimentation d'éducations de vers à soie en liberté.

Cette circulaire était accompagnée d'un arrêté constituant une commission chargée, sous ma présidence, de préparer et de suivre tous les détails de l'expérience. — Elle annonçait, notamment, l'ouverture ultérieure d'une souscription, selon le vœu du Conseil général, à laquelle les populations intéressées seraient appelées à prendre part.

Depuis lors, la Commission séricicole a tenu deux séances où elle a réglé divers détails essentiels de l'entreprise.

J'ai l'honneur de vous adresser un exemplaire spécial du journal dans lequel j'ai fait insérer le procès-verbal de la dernière séance (2 février 1867). — Je me dispense d'entrer à ce sujet dans aucune explication. Les détails du procès-verbal témoignent suffisamment du zèle avec lequel la Commission s'occupe de la tâche qui lui est confiée.

Le moment est venu de s'occuper de la souscription qui doit fournir une partie des ressources nécessaires au paiement des dépenses matérielles de l'œuvre.

La commission a pensé — et je partage complétement son avis à cet égard — qu'il appartient particulièrement aux Conseils municipaux d'allouer, chacun dans la mesure de son importance, un crédit spécial pour contribuer à la réalisation d'une entreprise intéressant à un si haut degré le département tout entier.

Je vous prie , en conséquense , Monsieur le Maire, de vouloir bien provoquer d'*urgence*, de la part du Conseil municipal , un vote de fonds dont il fixera lui-même le chiffre.

Je vous recommande de m'adresser immédiatement la délibération (une seule expédition) qui sera intervenue , savoir : directement pour l'arrondissement de Nimes , et par l'intermédiaire de MM. les Sous-Préfets pour les autres arrondissements.

La question étant urgente , je ne doute pas que les Conseils municipaux ne s'empressent d'en délibérer avant la clôture de la session de février. — Toutefois, dans le cas où des circonstances exceptionnelles auraient retardé quelques votes, cette circulaire devra être considérée, par les conseils municipaux retardataires, comme une autorisation spéciale de se réunir *extraordinairement* pour cet objet.

Le Conseil général du département a déjà alloué un crédit de 4,000 francs pour la part contributive du département, et une autre somme de 6,000 francs a été mise à ma disposition pour la même destination.

D'un autre côté, je ne mets pas en doute que le gouvernement, à qui j'adresse une demande de subvention , ne nous vienne en aide, au nom de l'intérêt national qui s'attache à l'entreprise projetée et des besoins spéciaux des départements du midi de la France..

Recevez , etc.

Le Préfet du Gard ,
BOFFINTON.

Séance du 9 Mars 1867.

Le 9 mars 1867, à une heure après midi, les membres de la commission chargée par l'arrêté préfectoral du 18 décembre dernier de suivre une expérimentation d'éducations de vers à soie en liberté étant réunis dans une des salles de l'Hôtel de Préfecture, à Nimes,

M. le Préfet ouvre le séance.

Sont présents :

MM. Berthezène, Correnson, Despeyroux, Gensoul, Gervais, Hérisson, Charles d'Hombres, Delpuech de Lomède, Perrier, Rivet, Roux, Emile Silhol, de Tarteron, Alexis de Trinquelague et Gardies.

M. Gardies, secrétaire, donne lecture du procès-verbal de la séance précédente.

Ce procès-verbal ne donnant lieu à aucune observation est adopté.

M. le Préfet, après avoir rappelé en quelques mots l'état d'avancement des travaux de la Commission, expose que le but de cette troisième séance consiste principalement à apprécier les propositions des sous-commissions d'arrondissement concernant le choix des emplacements et les dépenses d'installation des éducations des vers à soie en plein air.

Lorsque ces propositions auront été définitivement arrêtées, il restera à élucider la question des graines qui doivent servir aux différentes expérimentations.

Toutefois, avant de se livrer à la discussion des projets, M. le Préfet croit devoir donner à la Commission quelques communications qui intéressent le sujet. Il indique les résultats connus des souscriptions communales que l'administration a provoquées, conformément à l'avis émis par la commission dans la séance du

2 février dernier, et qui ont été considérées comme devant compléter utilement l'œuvre du Conseil général.

D'après les votes des Conseils municipaux connus jusqu'à ce jour, le montant des souscriptions s'élève au chiffre de 4,056 fr.

Cet appoint, s'ajoutant aux moyens financiers précédemment indiqués, permet de compter sur un ensemble de ressources suffisamment considérable. La subvention du gouvernement sera incessamment accordée, et l'administration, dont le rôle est de faire fructifier tous ces fonds d'origines diverses, est en mesure d'assurer, sur tous les points déterminés dans le département, le service de cette grande expérimentation.

Du reste, si les resssources dépassaient les besoins, il serait sage et prudent de réaliser des économies et de réserver pour l'avenir les moyens de continuer, avec le concours éclairé du Conseil général, une œuvre dont le succès dépend peut-être autant de la persévérance que de l'argent dépensé.

Après cet exposé, M. le Préfet place sous les yeux de la commission un ouvrage qui lui a été adressé récemment par M. Louis Fabre, directenr de la ferme-école de Carpentras, dans lequel sont retracés différents essais analogues à ceux de M. le docteur Chavannes de Lausanne.

La commission, s'associant à la pensée émise par M. le Préfet, remercie M. Fabre de sa communication.

Il est présenté également des échantillons de toiles métalliques, de canevas en fil et de toiles imperméables en différents genres. Ce sont :

1º Trois variétés de toiles métalliques galvanisées de M. Bernigaud, de Marseille, dont les prix varient de 2 fr. 75 à 3 fr. 75 le mètre carré ;

2º Sept échantillons de toiles métalliques en fer cru léger galvanisé, de MM. Mignot-Morel, de Lyon, entre les numéros 14 et 50. aux prix de 1 fr. à 3 fr. 50 le mètre carré ;

3º Des canevas en fil de dimensions différentes fournis par les maisons Nègre , négociant à Nimes , et Dizier , négociant à Alais , cotés à 0 fr. 85 le mètre courant et ayant une largeur uniforme de 0 m. 95 ;

4° Des toiles imperméables dites *mistasape* en cinq qualités , d'une largeur variable de 0 m. 92 à 1 m. 15 , aux prix de 2 fr. à 3 fr. 60 le mètre courant , fabriquées par Chapon frères , de Paris , et fournies par la maison Dizier , négociant à Alais.

Après examen de ces divers spécimens , il s'élève des doutes sur la solidité et la durée de certains échantillons de toile métallique. La finesse du fil donne lieu de craindre que les tissus ne soient facilement oxydés sous l'influence des pluies et surtout des rosées presque quotidiennes de notre climat , dans la période du printemps, et, qu'à la suite de cette oxydation, des déchirements et un désordre inévitables ne se produisent sous l'action des vents et des orages.

On objecte que certains tissus présentés offrent une puissance de résistance réelle , et que pour prévenir les accidents de toute nature il suffira , d'ailleurs, de multiplier les cercles en fil de fer ou les cerceaux en bois dans l'intérieur des manchons , et les cadres dans la construction des hangars.

M. le Préfet clôt la discussion en faisant observer qu'il convient de ne pas pénétrer trop avant dans les détails du fonctionnement des opérations , afin de laisser entière l'initiative des sous-commissions. De la variété des procédés employés et des précautions prises doivent naître , d'ailleurs, des points de comparaison qui fourniront aux années subséquentes des enseignements de la plus grande utilité. Pour le moment , il convient de se borner aux différentes communications dont il vient d'être parlé ; les praticiens des sous-commissions ne manqueront pas d'en tirer le meilleur parti à l'aide de leurs lumières et de leur expérience éprouvées.

M. le Préfet invite la commission à délibérer sur le but principal de la réunion , à savoir , sur le choix des emplacements et sur les dépenses d'installation dans les arrondissements.

Arrondissement d'Uzès.

La sous-commission de cet arrondissement fait connaître l'emplacement de l'expérimentation qui doit avoir lieu à Uzès, conformément à ce qui a été décidé dans la séance du 2 février dernier.

Cet emplacement a été choisi dans un enclos appartenant à Mme veuve Rouvière. Il comprend une pourette de mûriers sauvageons que la propriétaire offre gratuitement, afin de concourir à la réalisation du ♥œu du Conseil général.

L'expérience aura lieu sous un hangar, dont le devis approximatif, avec emploi d'une toile métallique, s'élèvera à environ 418 fr.

M. Guillaumont, maire de Sauveterre, s'étant offert lui-même pour diriger gratuitement, sur des sauvageons de son domaine, une opération conforme au programme et au moyen de manchons en tissu métallique, la sous-commission estime qu'il y a lieu d'accueillir favorablement cette demande, l'expérience devant être dirigée par une personne dont l'intelligence et la capacité ne sont point contestables. M. le Maire de Sauveterre ne réclame que des manchons et de la graine. Puisqu'il se charge de tout le reste, il s'agit donc d'une dépense approximative de 140 fr. On ne saurait avoir une bonne expérimentation à meilleur marché.

La sous-commission soumet ensuite les plans et les devis relatifs à l'éducation qui doit être faite à Bagnols.

L'emplacement comprend deux haies contiguës de mûriers sauvageons d'une belle venue, appartenant à deux propriétaires différents, MM. Crottat et Bagnols; il offre cet avantage qu'une partie seulement de cette double haie sera comprise sous le hangar, et qu'on pourra, si on le juge convenable, faire des essais avec des manchons sur la suite de la haie, en dehors du hangar et sous la surveillance du même gardien.

Ce devis paraît présenter une légère exagération du prix du tissu métallique. Il paraît possible de réaliser, à cet égard, une certaine économie. Tel qu'il est, il se présente avec une évaluation approximative de 1,060 fr.; de telle sorte que les prévisions des dépenses pour l'arrondissement d'Uzès s'élèvent, savoir :

1° La ville d'Uzès............................ 418 fr.
2° Sauveterre................................ 140
3° Bagnols.................................. 1,060
Ensemble............. 1,618 fr.

M. le Préfet fait observer qu'il est tout disposé à accueillir favorablement les propositions de l'arrondissement d'Uzès, bien que l'emplacement de Sauveterre n'ait pas encore été mis en discussion, dans le sein de la Commission.

Il ajoute que si l'on considère, en effet, qu'il s'agit d'une expérience d'un coût peu élevé, dont la forme en manchons est sans contredit une de celles dont la vulgarisation deviendra facile dans nos campagnes, et, en même temps, si l'on jette les yeux sur cette côte du Rhône où le mûrier abonde, mais qui, à certains points de vue, semble un autre pays séparé en quelque sorte du reste du département par un contrefort naturel qui l'isole des autres opérations projetées, il semble difficile de refuser un si faible spécimen à cette vallée intéressante.

Par ces motifs, M. le Préfet appuie l'adoption des trois expérimentations proposées dans l'arrondissement d'Uzès.

Cet avis est partagé par la Commission qui adopte ces conclusions.

Arrondissement de Nimes.

La sous-commission de cet arrondissement, après s'être livrée à des recherches multipliées, n'a pas rencontré d'emplacement qui permit de donner suite à un projet d'éducation avec quelques chances de succès.

Dans cette situation, M. de Trinquelague a offert, comme champ d'expérimentation, son domaine de Roquecourbe, situé au dessus de Courbessac, dépendant de la commune de Nimes. Cette propriété est entièrement isolée, et comprend, autour de l'habitation, un plateau élevé de garrigues. Cette circonstance avait un moment fait naître la pensée d'une installation des conditions particulières au moyen d'une des baraques employées pour la tenue de la foire de la ville de Nimes. Ce projet ne satisfaisant pas aux conditions du programme du Conseil général, a dû être abandonné. Toutefois, le propriétaire a réitéré l'offre de sa propriété pour une expérimentation au moyen de deux mûriers sauvageons que l'on envelopperait de manchons en tissu métallique reposant sur un système de poteaux disposés en forme de polygone. La dépense approximative s'élèverait. en y comprenant la main d'œuvre, à environ 300 fr.

M. le Préfet reconnaît que cette expérimentation est la seule possible dans l'arrondissement de Nimes, et, sur sa proposition, la Commission adopte ce projet d'éducation.

Arrondissement du Vigan.

La sous-commission de cet arrondissement rappelle que, par une décision antérieure, deux champs d'expérimentation ont été choisis dans l'arrondissement du Vigan, l'un à Graniès, près de Saint-Hippolyte, et l'autre à Sabatier, près de Quissac (chez M. Rivet).

Dans ce dernier domaine, la hauteur des arbres commande de renoncer à l'emploi d'un hangar dont l'établissement coûterait très cher et qui offrirait une grande prise à la violence des vents.

Le moyen le plus simple consistera à envelopper chaque arbre d'un manchon ou fourreau en tissu métallique, comme dans l'expérience de Roquecourbe.

La dépense à prévoir pour envelopper seulement dix pieds de mùriers de M. Rivet sera environ de 500 fr.

A Graniès, l'expérience peut se faire dans les mêmes conditions; mais, comme il s'agit ici de mûriers moins élevés, puisque leur hauteur moyenne est de 2 mètres et leur diamètre de 1 mètre seulement, il y a lieu d'évaluer la dépense de l'enveloppe de dix arbres au chiffre d'environ 300 fr.

Après ces données, la sous-commision relate les réserves relatives à la partie montagneuse du Vigan. Les éducations de Graniès et de Sabatier ne peuvent, en effet, répondre qu'aux besoins de la partie basse et intermédiaire de l'arrondissement. Dans le but de combler cette lacune, la sous-commission s'est livrée à différentes recherches qui l'ont conduite à proposer deux nouveaux emplacements qui se trouvent dans des conditions tout à fait différentes pour la région et le climat.

Ne valait-il pas mieux, d'ailleurs, multiplier les expériences, tout en restreignant, autant que possible, le champ des opérations ? Cette mesure n'était-elle pas commandée par une sage économie, et n'y avait-il pas convenance à se ménager, suivant la différence des expositions et des conditions climatériques, des chances également différentes pour les résultats, et, à coup sûr, des termes de comparaison aussi intéressants qu'utiles ?

Le premier des deux nouveaux emplacements est situé aux portes de la ville du Vigan. Il comprend une pépinière de sauvageons appartenant à M. Fabre, horticulteur, et présente les conditions désirables pour l'expérience projetée. La pépinière est adossée à un mur qui l'abrite du nord et contient 120 pieds pouvant produire 40 ou 50 kilogrammes de feuilles que le propriétaire cède moyennant une indemnité de 30 francs. Le mur permettra d'établir un hangar avec une notable économie ; il supportera la charpente et servira de paroi à un côté

On peut évaluer la dépense probable d'installation à 600 fr.

Le second des deux nouveaux emplacements se présente de

lui-même à Valleraugue. **M.** le docteur Perrier a fait l'offre spontanée d'un vieux champ de mûriers sauvageons, situé à 1 kilomètre de cette ville. Ces arbres mesurent 5 mètres d'élévation sur 3 mètres 50 de diamètre. Ils sont isolés les uns des autres ; on en prendra ce qu'on jugera nécessaire, et **M.** Perrier consent à surveiller lui-même l'expérience.

Ici se rencontrent des plantations qui remontent très probablement à l'époque de l'introduction dn mûrier dans les Cevennes ; leur dimension et leur espacement indiquent, comme seul système praticable, l'emploi des manchons en toile métallique enveloppant l'arbre en entier. Chaque pied fournit au moins 10 kilogrammes de feuilles.

Il suffira donc d'en couvrir quatre ou cinq pour faire une expérience convenable.

On dépensera à Valleraugue à peu près 500 francs.

Ainsi donc, sans comprendre les gages des agents chargés de snrveiller les opérations, les quatre propositions de l'arrondissement du Vigan entraîneraient une dépense approximative, savoir :

Sabatier....................................	500 fr.
Graniès....................................	300
Le Vigan....................................	600
Valleraugue	500
Gages des 4 agents à 150 fr. l'un............	600
Ensemble..........................	2,500 fr.

La Commission, sur l'avis de **M.** le Préfet, adopte ces propositions.

Arrondissement d'Alais.

M. le Préfet rend compte des renseignements contenus dans une lettre que lui a adressée **M.** Farel, président du tribunal de Morges (Suisse) sur les éducations faites en plain air. Cette lettre a été commnniquée, le 9 février dernier, à la sous-commission d'Alais.

Celle-ci rend compte des propositions qu'elle soumet à la décision de la commission générale.

En première ligne, se place l'éducation de la Chaussée de la ville d'Alais. Les sauvageons comprennent une longueur de 17 mètres qui se multiplie par une largeur de 10 mètres. Cette plantation, que l'on abritera d'un hangar, serait entourée et recouverte de canevas de fil fixé sur des bois refendus et arrêtés par sections de 0 m. 50 centimètres au moyen de lattes ou de fils de fer.

La longueur totale du champ se divisera en trois parties égales, mais disposées de manières différentes.

La première, au midi, restera constamment découverte, quelles que soient les conditions atmosphériques.

La seconde, au milieu, serait recouverte, pendant la nuit, ou par des temps de pluies et de vents froids et violents, au moyen d'une toiture mobile en toile imperméable qui, enlevée le jour, laissera la feuille et les vers exposés à l'action des rayons solaires.

La troisième partie, celle du nord, sera toujours abritée par une couverture fixe en toile imperméable, qui préservera, en grande partie, les vers et la feuille des rayons directs du soleil, et les mettra à l'abri de la pluie.

On aura, de la sorte, trois genres d'éducation en plein air : éducation sans abri, éducation avec abri mobile, éducation avec abri permanent.

Indépendamment de ces trois divisions, pour une même espèce de graine, cette grande enceinte serait partagée, dans le sens de la longueur, en deux parties égales, dans lesquelles on ferait une éducation avec des graines différentes ; à gauche, on élèverait, par les trois modes indiqués plus haut, 3 grammes de graines d'Europe fournies par M Pasteur, et à droite, 3 grammes de graines de reproduction japonaise également fournies par ce savant distingué et élevées par lui, l'an dernier.

En outre, M. Pasteur désirerait élever, sans abri, 500 grammes de graines de race indigène produites par lui et dont il a examiné les papillons reproducteurs.

On élèverait ainsi. à la Chaussée, en même temps et avec la même feuille, trois espèces de graines différentes.

Le devis de cette triple éducation s'élèverait approximativement à 2,000 fr.

Dans la seconde éducation de l'arrondissement, celle de Saint-Paul-Lacoste, on enveloppera une plantation de mûriers recépés de 12 mètres de long sur 5 mètres de large, divisée en trois parties égales, pour y appliquer, sur une seule espèce de graine, les trois systèmes d'éducation plus ou moins abrités. La graine fournie par M. Pasteur sera une graine indigène, et l'on opèrera sur 3 grammes. Cette éducation, évaluée, dans le principe, à 1,300 fr., a été réduite à 1,000 fr.

L'ensemble des dépenses de l'arrondissement d'Alais s'élèverait donc, savoir :

Alais (la Chaussée) . . . . 2,000 fr.
Saint-Paul-Lacoste (Martinet) 1,000

Total . . . . 3,000 fr.

Le grand avantage que procureraient ces diverses éducations pour arriver à la solution de la régénérescence des races de ver à soie, c'est que, en même temps que les éducations auraient lieu en liberté, la même quantité des mêmes graines serait élevée à la méthode ordinaire, avec la feuille greffée, dans une magnanerie neuve, et avec tous les soins que comporte une petite éducation faite en vue du grainage, par M. de Lachadenède, à la Chaussée, et par M. Chambon, au Martinet.

M. le Préfet espère que si ces propositions sont adoptées par la commission, les essais faits à Alais pourront, dès cette année, jeter une vive lumière sur la question si controversée et si délicate des éducations du ver à soie en liberté. C'est une véritable école d'expérimentation placée dans les conditions les plus favorables de contrôle éclairé et de bonne direction.

Toutefois, il appelle l'attention de la sous-commission d'Alais sur une communication qui lui a été adressée par l'instituteur de Saint-Paul-Lacoste, lequel signale le voisinage immédiat de la rivière et du canal de déversement de la roue de la filature de M. Chambon, par rapport à la plantation de sauvageons choisie pour champ d'expérience au Martinet, comme devant produire un effet funeste sur l'éducation ; une atmosphère humide, une sorte de rosée permanente dans l'air, résultant de la situation particulière des lieux, envelopperait, dit-on, constamment les rameaux des arbres et les chenilles.

Il suffit d'indiquer le danger à la sous-commission, et en particulier à son président, pour être bien convaincu qu'il sera fait une étude sérieuse de la situation et que la sous-commission en délibèrera avec connaissance de cause.

Sous le bénéfice de ces observations, et conformément à l'avis de M. le Préfet, la Commission adopte les propositions de l'arrondissement d'Alais.

Après ces différentes décisions relatives aux quatre arrondissements, M. le Préfet rappelle aux sous-commissions qu'il leur appartiendra, à l'avenir, de se mouvoir comme elles le jugeront convenable dans les limites approximatives des prévisions adoptées ; il déclare que la plus grande latitude est laissée à chacune d'elles pour tous les détails des opérations qu'elles ont mission de diriger et de surveiller.

Parmi les précautions à prendre, il croit devoir insister sur les difficultés signalées par les praticiens de toutes les régions qui se sont livrés à des essais de ce genre et qui n'ont pas toujours permis de protéger complètement les chenilles contre l'invasion des reptiles et des insectes, et particulièrement des fourmis. Pour éloigner ces ennemis, on a répandu au pied de l'arbre de la sciure de bois imprégnée de goudron de gaz ou coaltar, de façon à en couvrir le sol ; on a étendu de la suie ; on a entretenu de l'eau dans un vase composé de deux parties rejointées après la pose autour du pied de l'arbre, au moyen de terre glaise ou d'argile détrempée. D'autres moyens encore naîtront sans doute de la pratique ; tous doivent être également expérimentés pour assurer le succès, à l'exception toutefois des substances vénéneuses en poudre que le vent emporte et que l'homme pourrait respirer, telles, par exemple, que le sulfate de cuivre dont il faut repousser l'emploi.

Semences.

Les semences à employer pour les éducations devaient être choisies par les sous-commissions, sous la réserve que des échantillons de chacune d'elles seraient adressés à l'administration avec désignation de provenance et d'origine. Il y a lieu d'excepter toutefois les graines fournies par M. Pasteur pour les éducations d'Alais.

M. le Préfet rend compte des résultats déjà acquis.
Il a été déposé :

Par l'arrondissement d'Uzès :

1° Un échantillon de graine, provenance de Perpignan, à cocons roux, fournie par M. Roque, maire de Sainte-Anastasie ;
2° Un échantillon de graine de Corse, fournie par M. Correnson ;
3° Un échantillon de graine à cocons blancs, de Valleraugue, provenant de Mazamet (Tarn), fournie par M. Hérisson ;
4° Un échantillon de graine à cocons roux, des Basses-Alpes, fournie par M. Gensoul.

Par l'arrondissement du Vigan :

Quatre échantillons classés et numérotés, choisis dans la serre expérimentale de Saint-Hippolyte, par M. Planchon, dont deux à cocons blancs, provenant de la Côte-d'Or, et un à cocons jaunes, venus du département du Gers, et le quatrième déposé à la serre par M. Talette, de Durfort.

Par l'arrondissement de Nimes :

Deux échantillons de graines à cocons roux des Basses-Alpes et des Pyrénées, fournis par M. de Trinquelague.

M. le Préfet ajoute qu'en l'état de l'avancement des travaux, et alors que toutes les circonstances générales sont prévues pour chaque arrondissement, il semble que la Commission soit suffisamment éclairée à ce moment; il ne reste plus qu'à s'occuper de la mise en œuvre des décisions prises et des enseignements recueillis.

Un rôle plus actif incombe aux présidents des sous-commissions chargés de l'organisation et du contrôle des opérations, et de la correspondance que nécessiteront tous les imprévus. M. le Préfet les prie de noter très exactement tous les détails des éducations qui constitueront les éléments d'un rapport sur les expérimentations de chaque arrondissement. et il assure à tous le concours le plus complet de l'administration.

La séance est levée à quatre heures.

Le Secrétaire,
GARDIES.

Le Préfet du Gard,
BOFFINTON.

Séance du 8 Août 1867.

Le 8 août, à une heure après midi, les membres de la Commission chargée par l'arrêté préfectoral du 18 décembre dernier de suivre une expérimentation d'éducations de vers à soie en liberté, étant réunis dans une des salles de l'Hôtel de la Préfecture, à Nimes,

M. le Préfet ouvre la séance.

Sont présents : MM. Correnson, Despeyroux, Gervais, Charles d'Hombres, Perrier, Roux, Emile Silhol, Dhombre, ingénieur ; Alexis de Trinquelague et Gardies.

MM. Gensoul et de Tarteron s'excusent de ne pouvoir assister à la réunion.

M. Gardies, secrétaire, donne lecture du procès-verbal de la séance précédente.

Ce procès-verbal, ne donnant lieu à aucune observation, est adopté.

M. le Préfet expose qu'en présence des travaux accomplis par les sous-commissions d'arrondissement et de la clôture de la campagne séricicole de 1867, il a cru devoir réunir la Commission afin de provoquer ses appréciations, et, en ce qui le concerne, de se fortifier personnellement de ses avis pour les propositions que l'administration peut avoir à faire au Conseil général, dans sa prochaine session.

Dans ce but, il va être donné communication des rapports relatifs aux essais entrepris sur différents points du département. Les faits principaux seront particulièrement indiqués ; après quoi, l'œuvre de la Commission sera terminée.

Toutefois, M. le Préfet ne compte pas dissoudre la Commission, dont les recherches ne pouvaient, au début, produire tous les résultats utiles. Une simple réorganisation permettra, l'année

prochaine, de la compléter, en appelant dans son sein de nou-
velles lumières, quelques membres des plus actifs, parmi ceux
des comices agricoles du département, de façon à pouvoir s'appliquer non seulement aux éducations spéciales du ver à soie en
liberté, mais aussi à toutes les phases de la crise séricicole, et à
éclairer ainsi le gouvernement sur toutes les causes de la maladie
régnante, indépendamment des expérimentations de la nature
de celles qui viennent d'être tentées.

Arrondissement d'Uzès.

EDUCATION DE BAGNOLS. — RAPPORT DE M. GENSOUL.

Cette éducation a été faite au moyen de 10 grammes de graine,
race jaune des Alpes. Cette graine a été tenue dans une chambre
close à 10 ou 12 degrés ; les vers sont éclos naturellement
du 13 au 20 avril. De l'éclosion au 27 du même mois, ils furent
nourris avec des tiges de sauvageons et tenus à une température
moyenne de 13 à 14 degrés; après quoi, on les transporta
dans l'établissement.

Le début ne fut pas heureux : des pluies fréquentes, une température s'abaissant, jusques au 30 avril, à 10 et même 8 degrés,
causèrent une perte difficile à apprécier, à cause de la petitesse
des vers.

Dans la période du 30 avril au 10 mai, et sous l'influence d'une
atmosphère tiède et calme, les vers franchirent heureusement
la deuxième mue. Tout annonçait un résultat favorable.

Mais à partir de ce moment, des vents du sud, d'une violence
extrême, des pluies fréquentes déterminèrent la chute d'une
grande partie des vers, et ceux qui avaient été épargnés périrent
presque tous dans la matinée désastreuse du 24 mai, dans
laquelle le thermomètre marqua seulement 5 degrés.

Dès lors, toute chance de réussite disparut ; les survivants,
en nombre de cinquante environ, ne pouvant se maintenir sur

les branches, furent nourris à terre avec des branches coupées
et produisirent, du 12 au 15 juin, 28 cocons plus ou
moins bons, dont 11 jaunes, de la race des Alpes, et 17 verts,
de la race japonaise.

Ce dernier fait s'explique par cette circonstance, qu'au moment de l'éclosion, un lot de graine japonaise se trouvant à proximité de la première, dans le même local, quelques vers durent se
mêler accidentellement, et si le nombre des cocons verts est comparativement supérieur à celui des jaunes, cela tient uniquement
à ce que les Japonais étant de race saine ont supporté les contre-
temps de toute nature.

La race des Alpes, fortement atteinte par la maladie, devait
moins bien résister.

On a remarqué qu'avec une température inférieure à 15 degrés,
les vers ont peu d'entrain et d'appétit ; qu'ils interrompent leurs
repas. s'ils sont mouillés par la pluie, et que, pendant les grands
vents, leur unique préoccupation paraît être de se tenir cram-
ponnés aux feuilles.

Dans la forte chaleur, ils mangeaient mieux à l'ombre des
feuilles.

Les cocons obtenus sont petits et faibles, d'un volume et d'un
poids moindres de moitié que ceux des cocons ordinaires.

En résumé, l'essai de Bagnols a échoué sous l'influence des
trois causes principales qui suivent :

1º La maladie régnante, dont est atteinte la race jaune des
Alpes. Comme preuve à l'appui, on peut citer le résultat négatif
(vingt cocons) obtenu de 125 grammes de la même graine, élevée
dans une magnanerie de M. Gensoul, et quelques papillons pris
au hasard, reconnus tous fortement corpusculeux au microscope,
par M. Despeyroux.

Le produit comparativement meilleur des cocons verts, race
japonaise, obtenu accidentellement, en est encore une preuve
évidente.

2º La fréquence des chutes constatées pendant l'éducation et auxquelles on ne pouvait parer, à cause de la forme irrégulière des pieds de mûrier.

3° Les intempéries tout à fait anormales qui ont marqué le mois de mai de cette année.

ÉDUCATION DE SAUVETERRE. — RAPPORT DE M. GUILLAUMONT.

Ici se rencontrent deux éducations :

La première, faite avec 2 grammes de graine, race jaune, provenant de M. le docteur Chavannes de Lausanne, qui furent remis à M. Guillaumont, le 20 avril dernier.

L'incubation naturelle était avancée ; dès le 22, les vers parurent : le 27, l'éclosion était terminée. Maintenus dans un salon jusques après la première mue, les vers furent placés, le 4 mai, sur les sauvageons ; le 30 du même mois, les plus avancés filaient leurs cocons, et, le 9 juin, l'œuvre était terminée. L'évolution entière avait duré quarante-deux jours, et le produit comprenait 294 cocons pesant net 500 grammes.

Le papillonnage ne devait fournir que 240 papillons, 54 chrysalides étant mortes desséchées, sans apparence de muscardine ; enfin les pontes ont donné 35 grammes de graine. M. Pasteur a reçu les papillons pour les soumettre à l'examen du microscope.

Des variations de température de 3 à 36 degrés, la gelée du 24 mai, les pluies, éprouvèrent considérablement les vers. Froids comme glace, le corps doublé en deux, ils paraissaient frappés de stupeur. Cela dura quatre jours ; mais le thermomètre étant remonté à 22 degrés, l'appétit revint avec la chaleur.

Toutefois, la moitié des vers avaient été dévorés par les insectes et les araignées, malgré la surveillance la plus active. C'est la seule cause qui a éclairci les rangs de cette éducation.

Une couche disposée à mi-hauteur des arbres arrêtait les vers dans leur chute, et quelques branches abaissées leur permettaient de remonter à la cime.

On a remarqué que les vers à soie en plein air mangeaient moins que dans les magnaneries. A la quatrième mue, une chenille se nourrit deux et trois jours de la même feuille, et ne l'abandonne généralement que lorsqu'elle a mis à nu les nervures. Ainsi dévorés, les rameaux ressemblent à de la dentelle.

La chenille forme son cocon dans les feuilles qui restent et s'y roule dedans ; celles qui sont restées sur la couche ont coconné dans des brins de chiendent.

La seconde éducation a été entreprise avec 2 grammes de graine jaune de l'Aveyron, provenant de M. Pierredon, de Lézan. La boîte contenant la graine fut placée toute ouverte sur un sauvageon, et dans la boîte plongeait un rameau vert de l'arbre. L'éclosion, commencée le 6 mai, se termina le 12 ; les vers en naissant attaquaient les bourgeons voisins, et, de feuille en feuille, montaient sur les branches.

Les circonstances climatériques se reproduisirent naturellement les mêmes ; mais, à partir de la deuxième mue, des morts apparurent, et à la quatrième il ne restait que 50 vers valides qui avaient produit 46 cocons.

Ici se sont rencontrés tous les symptômes de la maladie régnante : 1° corps raccourcis et pattes tachées de noir dans les chenilles ; 2° des cocons faibles et à volume réduit ; 3° des papillons aux ailes rouillées, produisant peu ou pas de graines : tous actuellement soumis à l'examen de M. Pasteur.

Un lot des mêmes vers, soignés dans un salon, avaient tous péri à la deuxième mue. Cette graine aveyronnaise était donc atteinte sans contredit.

Faut-il considérer que l'éducation en plein air tend à faire diminuer la maladie, tandis que celle-ci augmenterait dans un milieu chauffé et moins aéré ? Il serait vraiment trop prématuré de conclure.

ÉDUCATIONS A UZÈS. — RAPPORT DE M. ROUX.

Quatre essais ont été tentés à Uzès même. Le premier comprenait un lot de graines de la Montagne-Noire, provenant de M.

Hérisson. Mise à incubation le 14 avril dans un salon sans feu, elle donna lieu à une lente éclosion. Après la deuxième mue, 400 chenilles furent placées sur les arbres, les autres furent soignées par Mme Rouvière, dans la chambre à éclore et sans feu. Les premiers ont produit 95 cocons et les seconds pas un seul.

Le second essai comprenait 200 vers de la même provenance que ceux du premier essai. Eclos à Blauzac, par les soins de M. Hérisson, ils furent plus tard portés dans les manchons, et enfin dans le hangar. Ces vers étaient beaux et pesants; pour les garantir des effets funestes d'une chute, on disposa une toile sur laquelle on les plaça et où ils coconnèrent. Le produit a été de 60 cocons, qui ont papillonné et pondu leur graine.

Le troisième essai a été tenté avec de la graine de Corse. Mais les vers, vigoureux jusqu'à la troisième mue, ont mal terminé leur éducation, aussi bien dans l'appartement qu'en plein air. Les rares survivants ont donné de mauvais cocons, dont les papillons avaient tous les symptômes de la maladie régnante et ont pondu peu de graines.

Dans le quatrième essai fait avec de la graine de Perpignan provenant de M. Hérisson, les vers se sont comportés un peu mieux que ceux de provenance corse. Après le coconnage, les papillons, beaux en apparence, ont bien pondu leur graine.

Les circonstances climatériques d'Uzès étaient celles de Bagnols et de Sauveterre.

Arrondissement de Nîmes.

ÉDUCATION DE ROQUECOURBE. — RAPPORT DE M. DE TRINQUELAGUE.

L'éducation de Roquecourbe a été entreprise avec quelques vers provenant d'un lot de graines de Perpignan, d'environ 7 grammes, prélevés après la deuxième mue sur l'ensemble d'une grande chambrée de ce domaine.

Au début, la marche des vers avait été régulière, et aucun symtôme de maladie n'était apparu.

Placés sur un mûrier ceinturé d'un treillis mobile composé de quatre châssis et recouverts d'une tente jusqu'à la troisième mue, les vers ont été transportés, au fur et à mesure de leur développement, sur plusieurs arbres plus âgés, et les treillis ont reçu le nombre de châssis nécessaire; mais on s'est abstenu de toute couverture au dessus, et les vers sont restés ainsi exposés aux vents impétueux, à la pluie, au froid et au soleil. Les intempéries du ciel ne semblaient pas devoir troubler leur marche, aussi rapide que celle de leurs frères élevés dans la magnanerie, lorsque la gelée du 24 mai courant, arrivant à la quatrième mue, détermina une grande inégalité. Dès lors, les chenilles tombèrent en foule des branches, et on dut sans retard, pour les préserver, établir au dessous d'elles des tabliers mobiles en planches. C'est là qu'elles furent recueillies, alimentées avec de la feuille de sauvageons, jusqu'au moment où la violence de l'orage du 3 juin contraignit M. de Trinquelague à les faire mettre à l'abri, sous un hangar, où elles ont produit 2 kilogrammes de cocons.

En somme, les vers élevés en plein air ont parfaitement marché; ils étaient plus forts, plus vivaces que ceux de la magnanerie. Les jaunes, dits les *gras*, ont été bien moins abondants en plein air; les cocons y ont acquis plus de consistance. Enfin cette expérience semble démontrer que l'élevage en plein air obtiendra le but que se propose l'administration et qui consiste à régénérer les graines.

M. Pasteur a reçu les cocons provenant de l'éducation de Roquecourbe.

Arrondissement du Vigan.

ÉDUCATION DE SABATIER ET DE GRANIÈS. — LETTRES DE MM. RIVET ET PLANCHON.

Les deux essais de Sabatier et de Graniès ont donné des résultats négatifs, c'est-à-dire à peine quelques cocons faibles et de qualité inférieure. Mais bien qu'il se soit rencontré chez M. Rivet des arbres d'une hauteur qui offrait une grande prise aux vents, et que, dans les deux localités, l'intempérie anormale de la saison fût de nature à contrarier les éducations en plein air, il n'est pas douteux pour ceux qui ont suivi la marche des chenilles pendant le cours de leur éducation que la principale cause de l'insuccès sur ces deux points se trouve tout entière dans la maladie régnante.

Les graines employées étaient sans nul doute fortement atteintes.

ÉDUCATION DE VALLERAUGUE. — RAPPORT DE M. PERRIER.

Un échantillon de graines à cocons blancs, dits Grands Blancs, donné par M. de Tarteron et provenant des anciennes races du pays, et deux autres échantillons pris dans la serre des essais précoces de Saint-Hippolyte par M. Jeanjean et renfermés dans des boîtes portant le n° 29, race blanche, et le n° 37, race jaune, ont été expérimentés à Valleraugue.

Après une éclosion naturelle et prompte, le premier lot (Grands Blancs) franchit les deux premières mues, et, le 5 mai, 800 vers étaient portés à l'air libre. Le 28 mai, à la quatrième mue, on n'en comptait que 600, et il y avait lieu de présumer que quelques uns avaient été soustraits. Le 14 juin, les cocons étant suffisamment formés, les branches qui les portaient furent renfermées dans un local sûr et aéré, pour les mettre à l'abri du maraudage. Le produit consistait en 450 cocons blancs magnifiques ; on en aurait obtenu 500 sans la circonstance qui a été signalée

Cependant le temps avait été rude ; après les premiers jours de mai, chauds et calmes, étaient survenus, dès le douzième jour, un orage mêlé de grêle, de la neige fondante, des nuits froides et de la pluie. C'est dans ces conditions que la quatrième mue s'était opérée, et, le 28 mai, après une vaillante transformation, les chenilles se disposaient à filer leurs cocons.

Il devenait par là manifeste que le ver à soie peut supporter sans inconvénient les températures les plus extrêmes et que les brusques variations n'ont pas d'influence sur leur santé.

Les essais des boites 29 et 37 présentaient des résultats bien différents.

Après une éclosion lente et difficile, 115 vers élevés en plein air, et provenant de la boîte 29, donnaient 12 cocons.

Un second groupe de 300 vers provenant de la même boîte et les 315 vers nés de la graine de la boîte 37, retenus et soignés dans un salon jusqu'après la deuxième mue, qui eut lieu le 28 mai, et après les fortes intempéries de la fin de ce mois, ont donné les uns et les autres une quarantaine de cocons.

De meilleures conditions, une protection plus prolongée n'ont pas abouti à un meilleur résultat.

C'est que dans tous les cas la graine était viciée originellement, et on a acquis depuis lors la certitude, par les renseignements puisés à Saint-Hippolyte, que ces deux espèces de graines, bien que les essais précoces en eussent été favorables, ont complètement échoué en chambrée.

Arrondissement d'Alais.

Rapport de M. Despeyroux.

ÉDUCATION DE LA CHAUSSÉE D'ALAIS.

Ces éducations comprenaient trois espèces de graine :
1° Une graine japonaise A ;
2° Une graine indigène blanche B ;
3° Une graine race jaune inconnue C ,
Toutes trois provenant de M. Pasteur.

Une expérimentation comparative a été entreprise à la Chaussée, dans un établissement construit pour cet objet, ceinturé en tous sens de canevas, divisé en huit cases ou compartiments distincts, et simultanément dans une magnanerie neuve de M. de Lachadenède, située sur le même emplacement.

Elle a eu lieu de la manière suivante :

Les deux premiers lots de graine A et B, ayant été subdivisés en quatre parties égales, les vers des trois premières ont été élevés dans une case séparée et ceux de la quatrième dans la magnanerie.

Le dernier lot C, partagé par moitié, a été expérimenté partie dans une case spéciale et partie dans la magnanerie. Les six premières cases, consacrées aux subdivisions des six premiers lots, ont reçu deux à deux des couvertures différentes, simple canevas d'abord, puis toile imperméable mobile, pour abriter la nuit et quand besoin serait contre le brouillard et la pluie, et enfin toiles fixes imperméables, abri constant et semblable à celui d'un hangar ordinaire.

La case spéciale destinée à la moitié du troisième lot ne devait recevoir d'autre couverture que le canevas qui recouvrait l'entier établissement.

Ce qui formait en tout dix lots appartenant à trois espèces différentes, dont sept à élever en liberté plus ou moins abrités et trois en magnanerie.

On remarquera que les quantités, graines ou chenilles de la magnanerie et de l'élevage en plein air, étaient parfaitement égales.

Après une bonne tenue préparatoire des graines, l'incubation eut lieu au moyen d'une couveuse, sorte de caisse fermée divisée en plusieurs étages à canevas, ayant à sa partie inférieure un réservoir circulaire en fer-blanc, traversé au milieu par un tube de même métal tenant lieu de cheminée et sortant de 10 centimètres par la partie supérieure de la caisse. Le réservoir est supporté par des pieds assez élevés pour qu'on puisse placer au dessous une veilleuse ordinaire destinée à chauffer à la fois l'eau du réservoir, l'air de la couveuse et à entretenir cette chaleur humide et régulière qui est si favorable à une bonne éclosion.

Le 10 avril, l'éclosion des deux premiers lots A et B commença;
le 18, elle était terminée.

Le deuxième lot graine B , ayant présenté une éclosion plus
difficile et des vers de mauvaise apparence , il aurait été certaine-
ment abandonné sans les encouragements de M. Pasteur et cette
autre circonstance que la même espèce étant élevée au Martinet,
il pouvait se rencontrer là un élément utile de comparaison.

Les vers A et B, qui devaient être élevés à l'air libre, ont été
placés dans leurs cases; les autres, assez égalisés à la deuxième
mue, restaient dans la magnanerie.

Le troisième lot C, devant se composer de vers jaunes élevés
par M. Pasteur au Pont-Gisquet avec tous les soins que comporte
une éducation pour graine, furent transportés après la deuxième
mue et en nombre de 600 dans la magnanerie de la Chaussée,
tandis qu'un nombre égal étaient placés sur les arbres de la case
qui leur était assignée dans la journée froide et humide du 20 avril,
suivie d'une forte pluie et d'une nuit menaçant d'être fatale.
Toutefois, le lendemain aucun ver n'était tombé et ne paraissait
pas avoir souffert de ces intempéries. La cause du ver à soie en
liberté semblait gagnée : il venait de résister sans inconvénient à
la pluie, au vent, au soleil et au froid.

Jusques au 1er mai, la température varia entre 3 et 15 degrés.
Ces alternances, mêlées de quelques ondées, ne ralentirent pas
la marche des vers, qui accomplirent régulièrement leur troisième mue. Sur des canevas tendus en forme de tablier au dessous
des branches, afin d'atténuer les effets désastreux d'une chute
probable, il se rencontra une chenille morte qui, à l'inspection,
ne fut pas *corpusculeuse*.

Du 1er au 14 mai, la température fut assez égale; les vers, en-
gourdis par le froid de la nuit, retrouvèrent dans le milieu de la
journée leur entrain et leur appétit. Le 14, la quatrième mue commença, et cette transformation fut vivement contrariée par des
orages répétés et un refroidissement croissant.

Le 22, l'atmosphère fut plus calme et plus chaude, les vers étaient actifs, ils mangeaient beaucoup; mais, comme ils étaient gros et lourds, un grand nombre tombèrent sur les filets inférieurs, et dans leur chute la plupart périrent.

Les 23, 24 et 25 mai, la température s'abaissa à 3 degrés — dans la campagne même il gela. Sous l'influence de ce froid, les vers continuèrent à tomber et à périr le plus souvent. On nourrit les valides sur les tabliers, avec des branches détachées; quelques uns se préparèrent à filer leur cocon: l'un d'eux, dont le cocon était commencé, s'arrêta immobile pendant quatre jours, et ce n'est que le 27, au retour d'une chaleur marquée, qu'il se remit à l'œuvre et termina son cocon.

En dehors de ces causes d'accidents, la mortalité a été très faible, même à la sortie des mues qui ont été régulières. Les vers morts examinés n'étaient pas *corpusculeux*.

Le résultat des 600 chenilles du lot C se composait, à la fin de l'éducation, de 180 cocons, soit de 30 %.

L'éducation comparative faite dans la magnanerie devait avoir une marche plus rapide et plus régulière, bien que le local fût vaste, très aéré et qu'il fût difficile d'en régler la température au moyen des réchauds et du poêle.

Mais à la quatrième mue, on remarquait une grande mortalité; les survivants paraissaient mous et flasques. On les délitait souvent pour leur éviter le contact des cadavres. Enfin, le 20, quelques uns coconnèrent; le 22, ils étaient presque tous à l'œuvre, mais ils filaient lentement sous l'influence des froids excessifs du 23 au 26 mai.

Le 2 juin, le décoconnage produisait 244 cocons de bonne qualité, soit 40,6 %.

L'avantage du nombre est donc en faveur des vers élevés en magnanerie; mais sans les accidents qui ont fait périr un grand nombre des premiers, un rendement inverse eût été constaté et l'avantage serait resté sans contredit à l'élevage en plein air.

ÉDUCATION DES GRAINES A D'ORIGINE JAPONNAISE.
TROIS LOTS EN PLEIN AIR.

Les vers d'origine japonnaise étaient placés, le 22 avril, après la première mue, dans leurs cases respectives à couvertures diverses, les cases étant séparées entre elles par un canevas. Bien que jeunes, ils se comportaient bien et paraissaient supporter sans souffrir la pluie qui n'avait pas cesser de tomber tout le 27, et, plus tard, les variations de la température. Ils marchaient du même pas; cependant le lot du compartiment à toiture fixe annonçait un léger retard, et, vers le 5 mai, les vers du compartiment à air libre prenaient l'avance et étaient plus agiles et d'une plus grande beauté; les vers du compartiment à toiture mobile affectaient une allure intermédiaire. D'autre part, la feuille des mûriers constamment abrités se froissait, se racornissait et tombait facilement; elle semblait souffrir également, mais à un moindre degré, sous les couvertures mobiles.

Les chenilles cependant paraissaient satisfaisantes; elles supportaient bien le froid et l'humidité des nuits et les variations de température de 5 à 25 degrés.

Dans le jeune âge, le ver tombe peu, parce que le fil qu'il sécrète le retient aux branches et le porte en oscillant aux tiges inférieures.

On a remarqué également que, dans le milieu du jour, il recherche la fraîcheur des feuilles basses : à un moment donné, la famille entière descendait en longue file des rameaux supérieurs vers le tronc comme pour fuir la chaleur des parties élevées

A la troisième mue, la différence d'aspect des trois compartiments était mieux accusée; les vers de la case à air libre étaient plus sains et plus nombreux que ceux de la case à toiture mobile, et ceux de la case à toiture fixe étaient bien inférieurs en beauté et en nombre aux précédents.

Aux derniers jours de mai, les vers se développèrent plus rapidement ; mais les chutes, fatales à cet âge, devinrent plus fréquentes et la mortalité ne cessa d'augmenter.

A la fin, la quantité de cocons était peu considérable, mais le résultat était instructif.

La case à toiture fixe présentait 11 cocons, et les feuilles des arbres étaient molles, plissées et sans consistance.

La case à toiture mobile présentait 48 cocons. Les feuilles étaient flasques et les pousses très faibles.

La case à air libre présentait 81 cocons, les feuilles étaient fermes et les pousses vigoureuses.

L'influence des abris n'était donc pas contestable. S'était-elle exercée aussi bien sur les vers que sur les feuilles, en aggravant l'action de certaines circonstances atmosphériques ? C'est ce qu'on ne saurait décider ; mais l'aspect de la feuille prouvait sans conteste que le végétal avait souffert, qu'il n'était pas dans son état normal, et que, par le fait de cette altération, il devait influer sur la santé du ver.

ÉDUCATION DU QUATRIÈME LOT A DE GRAINE JAPONAISE EN MAGNANERIE.

Le quatrième lot comprenait une quantité de graines égale à celle des trois premiers Tout était régulier, éclosion, marche de l'éducation, etc., à cela près cependant que les mues étaient difficiles et longues.

Les conditions de la magnanerie étaient les mêmes que pour le premier et précédent lot.

Le 2 juin, les vers coconnaient.

Quelques jours après, le résultat présentait 1,600 grammes de cocons plus gros que ceux de l'éducation en liberté et treize fois plus considérable en nombre.

ÉDUCATION DE LA GRAINE B A COCONS BLANCS.

Les conditions de l'éducation A, relatives à l'éclosion et à la répartition des vers dans les cases, avaient été observées dans l'éducation dont s'agit. Comme pour les japonais, c'est dans le compartiment non abrité que les vers se comportaient le mieux; mais à la troisième mue, une grande mortalité apparaissait. Celle-ci augmentait encore après la quatrième mue, et, le 5 juin, les derniers vers périssaient sans avoir fait un cocon.

Un échec aussi complet se produisait dans le lot élevé dans la magnanerie: même mortalité, et pas un cocon.

Quelle pouvait en être la cause? On cherchait partout et en vain.

EDUCATION DU MARTINET. — GRAINE B A COCONS BLANCS.

M. Chambon avait adopté, au Martinet, les dispositions et les différentes espèces de toiture de l'établissement de la Chaussée.

Ici, comme à Alais, un quatrième lot comparatif était réservé à une éducation de magnanerie.

Malgré tous les incidents ordinaires de la température, froid, chaud ou pluie, les divers lots fonctionnaient très régulièrement jusques à la troisième mue; les vers mangeaient avec avidité et semblaient grossir à vue d'œil.

Ce remarquable phénomène de robusticité, de résistance aux influences extérieures, impressionnait vivement plus de cent fileuses habituées à l'éducation du ver à soie. On s'attendait à de bons résultats; mais, le 3 juin, les vers de la magnanerie, sortis de la troisième mue, traînaient et devenaient inégaux, les morts apparaissaient de toute part à chaque délitement.

A la quatrième mue, les vers étaient clairsemés et ceux qui parvenaient à la franchir mouraient avant la montée.

Dans les essais en plein air, les mêmes symptômes apparurent, mais un peu plus tard et avec moins d'intensité, surtout dans le compartiment en plein air. Sur ce point, tout espoir n'était pas encore perdu.

Mais cet espoir devait être déçu. Les vers ont tous péri jusqu'au dernier, sans filer un cocon.

Ces échecs, tant celui d'Alais que celui du Martinet, ne modifiaient pas cependant la conviction des témoins de ces essais, et ils restaient quand même persuadés que les vers à soie ne craignent pas l'action de l'air, du froid et de la chaleur, de la pluie ou du soleil, et que, dans cette double éducation, la cause de la mortalité était inhérente à la graine, et non au système d'éducation.

ÉDUCATION DE VERS BIVOLTINS EN PLEIN AIR, AU MARTINET.

Dans un compartiment à air libre de l'établissement du Martinet, une seconde éducation se poursuivait avec des vers bivoltins japonais.

Graine éclose sur une branche, chenilles laissées entièrement à elles-mêmes, mues et coconnage réguliers, papillonnage et accouplements naturels, pontes sur le bois et les feuilles. Cette œuvre, essentiellement rustique, donnait les meilleurs résultats. Les cocons étaient fermes, les papillons, vifs et alertes, volaient presque et donnaient tous les signes d'une robusticité extrême.

Ainsi sur les mêmes arbres, à côté des vers qui périssaient, d'autres se développaient et accomplissaient leur entière évolution.

RÉSUMÉ ET CONCLUSIONS.

Des expériences faites à Alais, cette année, il semble possible de tirer logiquement les quelques conséquences ci-après :

1º Le ver à soie provenant d'une graine saine supporte sans inconvénient, dans une éducation en plein air, toutes les variations de la température ;

2º Le ver et le mûrier se comportent mieux à l'air libre que sous une couverture permanente ou mobile : l'insecte et le végétal ont un égal besoin de soleil pour se développer et prospérer ;

3° Les seuls ennemis du ver élevé en liberté sont des ennemis vivants, rats, reptiles, oiseaux et insectes;

4° Une graine malade échoue en liberté comme en magnanerie, et réciproquement;

5° La quantité de cocons produite en chambrée est plus considérable, à cause des accidents nombreux et indépendants des circonstances climatériques par lesquels la vie des chenilles est mise en péril;

6° Les papillons des éducations en plein air de la Chaussée n'étaient pas corpusculeux, tandis que ceux provenant de la même graine et de l'éducation en chambrée présentaient un certain nombre de papillons corpusculeux, un sixième environ;

7° L'altération de la feuille appauvrie plus ou moins par les couvertures fixes ou mobiles n'a pas fait naître le corpuscule.

Toutefois, si ces résultats ont été obtenus à la Chaussée avec l'emploi de graines provenant de parents sains ou peu atteints de la maladie, il n'en est pas ainsi en ce qui concerne l'éducation des vers bivoltins japonais du Martinet.

M. Chambon n'avait pu contrôler l'état constitutionnel des générateurs de cette graine, et, malgré leur beauté remarquable, les papillons se sont rencontrés fortement corpusculeux.

Ainsi de nombreuses expériences sont à faire, et l'examen microscopique des papillons, le grainage cellulaire, tant recommandés par M. Pasteur, restent et demeurent le point de départ essentiel de toute éducation de ver à soie, et on ne pourra tirer une conclusion certaine d'un résultat obtenu qu'autant qu'il aura été vérifié et contrôlé par de nombreuses expériences comparatives.

En terminant son intéressant rapport, considérablement abrégé dans ce procès-verbal, M. Despeyroux expose quelques indications utiles sur la méthode employée dans le grainage cellulaire, et sur les procédés de l'examen microscopique de M. Pasteur.

Il rend un juste témoignage de reconnaissance à MM. de Lachadenède et Chambon pour le désintéressement et le zèle avec lesquels ils ont secondé l'œuvre de la sous-commission d'Alais, à laquelle ils ont prêté largement leur intelligent concours.

Après le compte-rendu de ces différents rapports, M. le Préfet résume la situation que fait naître la variété des éducations comparatives ou isolées et qui a donné lieu à des tâtonnements du reste inévitables dans le premier essai d'entreprises aussi délicates et aussi complexes.

Il se demande si ces diverses expériences doivent être considérées comme infructueuses, et s'il convient de les abandonner au moment où il devient possible d'en tirer des renseignements importants et utiles pour la conduite générale d'éducations futures.

Il n'y a pas lieu de s'arrêter à la question des voies et moyens : des dépenses d'installation sont déjà faites ; elles peuvent être utilisées dans les années suivantes, et l'argent ne manque pas, grâce à l'économie des moyens employés.

Sans doute une plus grande latitude est nécessaire, particulièrement dans le choix des mûriers et des graines. Le mandat a besoin d'être élargi, afin que la Commission ne soit pas gênée dans les différents modes d'expérimentation auxquels elle jugera convenable de se livrer à l'avenir.

Dans quelques semaines, le Conseil général sera informé de nos travaux, de nos recherches et de nos espérances Ses sympathies à la cause de la sériciculture ne sont pas douteuses ; on ne doit pas hésiter à lui demander la continuation d'une œuvre du succès de laquelle, si problématique qu'il puisse paraître, dépend la richesse de la plus grande partie du département.

La Commission s'associe pleinement à la pensée de M. le Préfet et adopte ses conclusions.

La séance est levée à quatre heures.

<table>
<tr><td>Le Secrétaire,
GARDIES.</td><td></td><td>Le Préfet,
BOFFINTON.</td></tr>
</table>

Nimes. — Typ. Clavel-Ballivet et Ce, rue Pradier, 12.

www.ingramcontent.com/pod-product-compliance
Lightning Source LLC
Chambersburg PA
CBHW061623060726
47597CB00005B/1774